£1

C. TRINIDAD COLL COLL

Aprender a quererte

Un manual práctico para tu autoestima

MANDALA
EDICIONES

APRENDER A QUERERTE. Un manual práctico para tu autoestima

© C. TRINIDAD COLL COLL

© De esta edición: Editorial Mandala
C/ Tarragona, 23
28045 Madrid (España)
Tel.: +34 914 678 528
Fax: +34 914 681 501
E-mail: fernando@mandalaediciones.com
www.mandalaediciones.com

Diciembre de 2012

Maquetación: TORRE, S. L.
Imprime: Ulzama digital

ISBN: 978-84-8352-765-8
Depósito legal: M-39613-2012

Índice

Dedicatorias

Dedico este libro a los «amores» más grandes de mi vida:

Mis dos hijos, Marcos y Ricard, que han sido y son dos grandes maestros para mí, cada uno a su manera, pero los dos.

Al padre de mis hijos, Ian Munday, que me abrió las puertas del mundo y con ellas muchas otras.

A mi pareja, Crisanto López. Me has enseñado y enseñas que es posible una relación de pareja lúcida desde el amor incondicional, la libertad, la paz, la madurez y lo que implican todas esas cosas. Eres un gran maestro para mí. Te amo.

A mis padres, Luis y Margarita, que me dieron la vida y han dado las suyas para darme y enseñarme lo mejor. Gracias, os quiero.

Agradecimientos

En primer lugar, quiero agradecer a mi única y querida hermana Lina su amor y maestría, ya que a través de sus travesuras, aun siendo niñas, me enseñaba a su manera que se puede ser buenos sin ser sumisos.

A mis sobrinas Cristina y Clara, por existir. Os quiero.

A mi cuñado Javier. También me has enseñado mucho.

Agradezco a mis amigas de Menorca su amistad y cariño incondicional, gracias por estar ahí; a pesar de la distancia os siento cerca de mí.

A Lourdes Olaya; también te siento cerca. Mi hermana de luz.

Agradezco a Cesipernas y a Ángel López su amistad incondicional; desde que llegué a Lugo siempre me han dado su apoyo incondicional. Os quiero.

A todas las personas especiales que se han ido cruzando en mi vida, todas me habéis enseñado y aportado mucho.

A mis familiares, por estar ahí siempre, os quiero.

Agradezco a mi suegra, Isalina, su acogimiento en su familia. Donde estés ahora sé que recibirás el mensaje. Y a toda la familia política, todos sois excepcionales.

Gracias a Galicia, esa tierra llena de grandes personas que me han aportado y aportan la gran oportunidad de expansión como profesional, además de su reconocimiento.

Agradezo a José María Doria y a Elena Villalba todo su trabajo y enseñanzas terapéuticas, que causaron un antes y un después enorme en mi vida, en la cual dejaron sus huellas.

Gracias a Sarabjit y Derta, otros dos grandes maestros, que sin su generosidad y maestría no hubieran sido posibles mis conocimientos y los de mi pareja en Kundalini yoga, una práctica y forma de vida hoy imprescindible para nuestro equilibrio interno. Sat Nam!

Gracias a todos los lectores, pues sin cada uno de vosotros no sería posible la expansión de este libro.

Gracias, Miguel Ángel, por tu cariño especial, y a ti, Lina Mall, por tu confianza.

Prólogo

M I intención con este libro es que sea para ti un inicio de un trabajo contigo, que te ayude a desarrollarte como persona, a conocerte realmente desde dentro, a amarte y aceptarte como ser único que eres y, sobre todo, a sentirte en equilibrio y paz contigo mismo.

Después de más de veinte años de trabajo personal conmigo misma, de haber pasado a mis veintipocos años por una depresión muy profunda, de haber tenido vivencias que en su momento experimenté como muy duras, quiero, a través de este libro, compartir algo de lo mucho aprendido y que a día de hoy sigo aprendiendo y trabajando en mí. Es un trabajo personal que voy a seguir haciendo hasta que abandone este mundo y que también seguiré compartiendo a través de mis libros, mis consultas, charlas, etc., ya que sé que puedo ayudar a muchas otras personas que, al igual que yo, hayan pasado o estén pasando por duras o difíciles experiencias y vivencias, y que muchas veces al verte sumergida en ese oscuro agujero no somos capaces de ver el mensaje que estas nos traen, y menos cómo salir de ahí.

Con el pasar del tiempo y mi trabajo personal, ya que todos los ejercicios que propongo en este libro y en mis consultas son algunos de los muchos que me he ido aplicando antes a mí, me fui dando cuenta de que uno de los mensajes principales que mis vivencias me traían era aprender a quererme. La mayoría de las experiencias vividas me estaban pasando o, mejor dicho, dejaba que me pasaran por no quererme lo suficiente, con lo que no me respetaba y cedía mi poder personal a los demás. Eso creaba en mí más inseguridad y falta de autoconfianza en todos los aspectos de mi vida.

Daba el poder a las palabras y a las opiniones de los demás, en lugar de dárselo a mis propias opiniones y sentimientos.

En este libro explico cuáles son los tipos de personalidad que una baja autoestima puede dar lugar y diferentes comportamientos que se pueden adoptar. Son comportamientos que he podido ir observando a lo largo de años de investigaciones sobre los comportamientos del ser humano.

Al final de este libro doy una serie de ejercicios prácticos para fomentar tu autoestima; siguiendo las pautas y con tu constancia podrás experimentar en poco tiempo cómo tu estado interno va mejorando y tu autoestima aumentando, algo que te ayudará a sentirte mucho mejor y a crecer a nivel personal.

La autoestima 1

¿**Q**UÉ es la autoestima? La autoestima es la capacidad que tenemos de amarnos y respetarnos a nosotros mismos.

¿Por qué es tan importante querernos a nosotros mismos?

¿Qué ocurre cuando esto no es así y nuestra autoestima está baja?

La autoestima es la base que marca nuestra personalidad. Cuando la tenemos baja podemos adoptar varios tipos de comportamientos, e incluso rasgos de personalidad, a los que vamos a llamar «tóxicos», y que realmente son tóxicos para quien los adopta, ya que es el que sufre internamente y se siente mal.

Vamos a citar algunos de estos comportamientos primero y luego las personalidades:

✔ **Sensación de inseguridad**

¿Qué pasa cuando nos sentimos inseguros? Empezamos a dudar en todo y de todo. A la hora de tomar decisiones, de realizar algún tipo de actividad, de ir a algún sitio, de comprar algo, de lo que que-

13

remos y nos gusta en la vida, de si nos gustamos a nosotros mismos. Incluso dudar de quiénes somos, de cómo nos sentimos y si tiene sentido nuestra vida.

Cuántas veces te has preguntado «¿Qué es de mi vida?», «¿Qué quiero en mi vida?», «¿Por qué, tenga lo que tenga, consiga lo que consiga, acabo sintiéndome mal y vacío?», «¿Qué me llena?», «¿A dónde voy?», «¿Cuál es mi objetivo?», «¿Qué quiero realmente?». Cuántas veces te has preguntado todo esto y más, y, sin hallar una respuesta, no sabes qué responder porque te sientes vacío.

Cuando nos sentimos inseguros, todo lo que existe es la duda, el vacío, no hay respuestas porque desde el no sentirte no puede haber respuestas, al igual que tampoco las hallarás en el exterior.

Hasta dudamos de si nos queremos y llegamos a creer que todo y todos son mejores que nosotros mismos, incluso puedes llegar a sentir que no vales nada. Entonces es cuando empieza a surgir la necesidad de aprobación, pero, ¡ojo!, no la nuestra, sino la de los demás, algo complicado, ya que nunca se puede tener la aprobación de todo el mundo, «nunca llueve a gusto de todos», por lo tanto es imposible complacer a todo el mundo.

Desde esa necesidad de buscar la aprobación del otro es desde donde empiezan las actuaciones para complacer a los demás, aunque para ello muchas veces sean cosas en las que no estemos de acuerdo, e incluso nos perjudiquen de alguna forma. Y nos da igual, ya que todo lo que esperamos es la aprobación del otro y no nos importamos a nosotros mismos, a veces ni nos hemos parado a pensar si queremos o no, qué pensamos, qué sentimos, ¿nos apetece? Da igual, porque tú en ese momento no te importas.

¿Qué pasa cuando no obtienes la aprobación que esperabas? Entonces es cuando surge una sensación de gran frustración, de dolor, sensación de vacío, de soledad y abandono, de que no vales para nada, de que todo lo haces mal hagas lo que hagas, de desaliento, y de un largo etcétera. Te sientes desgraciado y empiezas a compadecerte de ti mismo. Te refugias en el sentimiento de la autocompasión y victimismo, lamentándote de lo desdichado que eres y te sientes... «Nadie me quiere», pero ¡ni tan siquiera tú mismo!

¿De qué otra manera se puede actuar para conseguir la aprobación de otros? Otra manera puede ser con la necesidad del culto al cuerpo. La obsesión por tener un cuerpo escultural, llegando a infiltrarte hormonas y horas de pesas, bronceado artificial y castigando tu cuerpo para sentirte admirado. Luego, con las arrugas, infiltraciones de Bottox, aunque sea peligroso o pierdas la expresión natural de la cara, ¡da igual! Incluso someterte a terapias antiedad en las que eres mordido por sanguijuelas, ¡da igual! La cuestión es aparentar y buscar la aprobación, y si puede ser la admiración de los demás, ¿por qué no? Y si hace falta, jugarte la vida en operaciones estéticas. No se es consciente de esa sensación de abandono, vacío, soledad, insatisfacción... Todo surge de dentro, no de fuera, y hagas lo que hagas externamente no es la solución. Es posible que al principio tengas la sensación de satisfacción momentánea, como cuando vas de compras, pero al rato se esfuma, porque el problema está en tu interior y no puede solucionarse si no es desde dentro. Con todo esto no estoy diciendo que no haya que cuidar nuestro cuerpo físico, pero hay una gran diferencia entre cuidarlo llevando una dieta sana, ejercicio moderado, cremas y demás, y machacarte el cuerpo. Realmente no lo estás cuidando cuando te excedes, lo estás maltratando, perjudicando tu salud.

La aprobación y la aceptación deben empezar siempre por uno mismo para que luego te acepten los demás.

Esa parte que rechazas de ti, también es parte tuya, y puedes mejorarla, pero desde la aceptación y el amor hacia ti mismo, y sabiendo que tú siempre seguirás siendo tú. No vas a cambiar nada desde el rechazo, solo conseguirás sentirte mal.

Otra dificultad que suele tener la persona insegura es la de expresar a los demás lo que realmente siente, piensa o quiere por miedo a la desaprobación o al desacuerdo. Entonces empieza a «tragar», incluso en muchos casos sucede que la persona empieza a «hincharse», ya sea, sobre todo, la zona abdominal o todo el cuerpo, ya que en la zona abdominal es donde se acumulan todas las emociones tóxicas que no son expresadas. También empiezas a sentirte insatisfecho por hacer cosas que no sientes y por decir sí cuando quieres decir no, o por privarte de algo, por no atreverte a decir o hacer alguna cosa. Eso también te lleva a entablar relaciones afectivas insatisfactorias, tanto de pareja como de amistad.

Otro tipo de comportamiento totalmente diferente que se puede adoptar por la falta de autoestima y de inseguridad es el de la prepotencia. Realmente es un papel que de forma inconsciente se suele adquirir para camuflar el sentimiento de inferioridad e inseguridad que la baja autoestima genera. Este perfil suele corresponder a personas bastante orgullosas y que se dejan llevar por el ego inconscientemente. Suelen actuar de forma dominante, inflexible y puede que hasta de manera dictadora, capaz de someter a la otra persona con el fin de sentirse fuerte, poderosa o importante.

Hay que ir con mucho cuidado con este tipo de personas, ya que, por regla general, pueden llegar a ser maltratadores físicos o psicológicos, y se valen de la fachada de «duros» para controlar normalmente a personas con también baja autoestima y que son más débiles o sumisas, y a las que por ello podrán dominar con facilidad. La única forma de «desarmar» a este perfil de persona es demostrando que no se le teme, se ponga como se ponga y diga lo que diga, aunque si se le tema por dentro no hay que demostrarlo por fuera. Hay que mostrar fortaleza, aunque en aquel momento no se tenga.

Otro comportamiento que se adopta para buscar la aprobación del otro es lo que se llama hipocresía, actuando de forma poco sincera; se intenta proyectar una forma de ser que realmente no existe, aparentando lo que en el fondo no se es; se intenta proyectar lo que uno cree que los demás esperan de él. Incluso a veces teniendo comportamientos arriesgados como el consumo de drogas o exceso de alcohol, arriesgando la vida.

El psicólogo experimental Mark L. Leary y su equipo han estudiado algunos de los comportamientos dañinos adoptados por la necesidad de buscar la aprobación de los demás. Su estudio con adolescentes ha demostrado que la tercera parte de los chicos y chicas reconoce haber realizado actos peligrosos para impresionar a sus colegas y demostrar su coraje. Actos como conducir a velocidades temerarias, pelearse a golpes, saltar desde puentes elevados o no tomar precauciones en las relaciones sexuales, habiendo así un aumento del contagio del sida y de adolescentes embarazadas. Las investigaciones dicen que muchos no utilizan preservativos por reparo a lo que pueda pensar la otra persona, por no romper el encanto del momento y que su pareja se frustre. Y si están contagiados no usan preservativos por no causar malestar o sospecha en la pareja, pese a ser conscientes de los peligros. Todo esto por buscar reforzar su ego en público y, si son conscientes de que necesitan ayuda, no acuden en su busca por el «qué dirán» o «no quiero que piensen que estoy loco».

Siempre anteponen lo que piensen o digan los demás. Se adoptan falsas apariencias y disfraces que lo único que hacen es ahogar a tu verdadero yo.

Es necesario saber que las emociones y sentimiento que se tienen hacia uno mismo, aunque no sean expresadas verbalmente, son trasmitidas energéticamente a los demás de igual forma. La carga emotiva con la que acompañar a tus palabras, tus gestos dicen mucho de ti. Además todos somos conscientes de que muchos estudios demuestran que, ya sea de forma consciente o inconsciente todos percibimos los estados emocionales de las personas, ya sean estos negativos o positivos. Hay estados de ánimo que provocan rechazo y distanciamiento a las personas del entorno; por el contrario, otros estados atraen a las personas transmitiéndoles una sensación agradable y placentera, sensación de acercamiento y conexión.

Tampoco debemos olvidar otro comportamiento típico de la baja autoestima como es el intento de control sobre el otro. Esta postura se adopta para sentirse uno más importante o fuerte ante los demás, o por enganches existentes, ya sean emocionales o de otro tipo. Cuando existen enganches y se tiene el sentimiento de pérdida de control, aparece instantáneamente el sentimiento de miedo, e incluso en algunos casos de pánico. Miedo, pánico, ¿a qué? A sentirse solos, a no valer nada, a no ser capaces de subsistir solos, a... un millón de cosas de las cuales la mayoría son inconscientes. Todos estos sentimientos se pueden somatizar de distintas formas, adoptando distintos tipos de comportamientos, de los cuales citaremos algunos y sus diferentes tipos de estrategias, según Vera Peiffer.

El primero sería *El patrocinador:* Este, sea hombre o mujer, tiene en la cabeza una imagen muy definida del mundo. Cualquier cosa que oiga, vea o experimente se las arregla para calificarla de buena o mala, acertada o errónea. Para ellos «esto es así y sanseacabó». El patrocinador no se preocupa de si existen o no zonas grises entre las áreas blanca y negra de la vida.

Dotado de una voz muy sonora, se dedica a predicar tanto si desea oírle como si no; le dará a conocer su opinión sobre todo tipo de temas. Tiende a hacer rápidas y duras críticas, las cuales no son siempre constructivas, y cuando tienen buenas ideas los demás tienden a rechazarlas por cómo las expresan, normalmente de forma molesta. Los patrocinadores suelen ser rígidos en sus puntos de vista. Están seguros de sus opiniones, que sermonean en vez de dialogar. No son conscientes de que hieren los sentimientos de los demás cuando critican; según ellos «lo dicen por tu bien». Despiertan fastidio y temor en los demás.

Esa rigidez en su forma de actuar y pensar es un signo claro de inseguridad fundamental que les induce a resistirse al cambio, cosa que les hace perder grandes cantidades de energía con la resistencia, además de desperdiciar grandes oportunidades favorables por la simple razón de que las circunstancias no encajen con sus conceptos, cosa que les asusta. Además es inútil e ignorante resistirse al cambio, ya que tanto el universo como nosotros estamos en un cambio continuo.

El ratón: Son personas, mayoritariamente mujeres, que se disculpan continuamente. Son una disculpa viviente. Tienen miedo de interponerse en el camino de los demás o de causarles inconvenientes. Dan vueltas en todos los sentidos a la hora de atender a la familia, con el jefe, para responderte si les preguntas, etc. Lo hace porque su gran indecisión no le deja decidirse por un lado u otro, ya que piensa que «no sirve para nada» y, como ya sabemos, lo que pensamos y sentimos es lo que acabamos creando, por lo tanto acaban por no «servir». No saben decir «no» y su presteza por servir acaba aburriendo a la gente, ya que están pidiendo disculpas constantemente y les consideran hasta estúpidos.

En su interior hay una gran necesidad de aprecio y reconocimiento. Si los demás no les alaban lo suficiente, se sienten frustrados y se inclinan más aún a repetir su comportamiento para obtener su premio. Si no lo obtienen, se enfurecen interiormente, pero para ellos la furia es algo prohibido, entonces ha de ser suprimida y el pequeño «yo» se hace todavía más pequeño. En su interior hay confusión y agitación, porque su «yo» quiere manifestarse ya que ha sido reprimido y sumiso y no se atreve. Son propensos al agotamiento y a las enfermedades nerviosas, por la represión de sus sentimiento y deseos.

El machote: Se puede manifestar de diversas formas, pero por regla general es el típico hombre de bar bien vestido, con gusto, nada inhibido y muy extravertido, con muchas historias que contar, especialmente ante la presencia de otros hombres y de chicas un poco pánfilas. Las conquistas recientes y sus hazañas sexuales dominarán la conversación sin ahorrarse ningún detalle de cómo sucedió todo: cuántas veces, el nombre de la chica, etc. Aunque la realidad hace que su sexualidad deje mucho que desear. Normalmente, a solas con una chica seguirá contando cosas acerca de lo que hizo con otras mujeres, cosa que, además de resultar molesto para la mujer con la que está en ese momento, resulta perturbardor para cualquier tipo de intimidad que pudiera surgir entre ellos.

Toda esta charla va destinada consciente o inconscientemente a desviar la atención de su incapacidad de comportarse de manera adecuada en la cama y que con frecuencia funciona, ya que la mujer que está con él empieza a cuestionarse si habrá en ella algún defecto para que un hombre tan viril falle en su presencia. Fuera de la cama y conduciendo, su comportamiento es de «Aquí estoy yo». Todo este comportamiento es el de un adulto inmaduro, con una necesidad enfermiza de llamar la atención, una forma de gritar: «¡¡¡Eh, que estoy aquí!!!». El machote no es capaz de compartir su verdadera intimidad, vive en la superficie, por eso prefiere relaciones que no sean demasiado exigentes. Es solitario. Con esa conducta inmadura encubre su falta de autoestima y de autoconfianza. Con frecuencia su inseguridad es el resultado de malos tratos o de descuido emocional en su infancia. Su negativa a admitir que algo va mal le impide pedir ayuda.

El hipócrita: Hay tanto hombres como mujeres hipócritas; normalmente se encuentran en el ambiente laboral. Suele ser un rasgo de las personas que padecen un complejo de inferioridad causado por su baja autoestima. Dicen «sí» cuando realmente quieren decir «no», pero su inseguridad a exponer su verdadera opinión se lo impide, sobre todo cuando están en desacuerdo con los demás, y ante todo si consideran a estos de un rango superior al suyo. Mientras esté hablando con ella será dulce y amable, pero en cuanto esta dé la vuelta le pondrá a parir. Hasta cambiará la expresión de su cara y empezará a chismorrear. Es un método que utilizan para desahogarse cuando se sienten dominados por alguien. Un método destructivo que envenena la atmósfera. Al no ser capaces de sacar adelante sus proyectos o su trabajo, piensan y sienten que son explotados y se ponen cada vez más tensos, sin ser capaces de solucionar el problema. Tienen mucha energía, pero mal dirigida y acaban siendo esclavos de su propio resentimiento, sintiendo que cada vez pierden más el control de lo que les sucede, cosa que les produce cada vez más falta de autoconfianza y les lleva a más hipocresía.

Normalmente son personas que en su infancia han sido castigadas a menudo por expresar sus pensamientos y sentimientos, o por quejarse. Privar a una persona de su libertad de expresión puede hacerla sentirse no merecedora, o menos merecedora que los demás, entonces busca salidas para descargar su ira y su tensión reprimidas, y una salida o canal fácil es la hipocresía.

El trabajoadicto: Es una persona que come, duerme y vive por y para su trabajo, piensa sin cesar en su trabajo y no puede detenerse aunque lo quisiera. Tiene un comportamiento autodestructivo. El trabajo se convierte en el único interés de su vida, y cuando no tiene nada que hacer, se lo inventa. Ante los demás su comportamiento se convierte en algo positivo y aceptado, pero a la persona en cuestión la está destruyendo. Son incapaces de relajarse porque en el fondo no quieren relajarse, para ellos la relajación es una pérdida de tiempo, ya que podrían estar haciendo otras cosas más provechosas. No se detienen por nada ni por nadie. Se pasan la mayor parte de su vida destrozándose la salud para ganar dinero, y la otra parte gastándose el dinero que han ganado para recuperar la salud que perdieron trabajando. Todo sin sentido alguno.

No suelen ser personas eficaces, ya que no saben planearse su trabajo, el trabajo les controla a ellos. Por lo tanto, no son capaces de mantener una relación afectiva sana y con éxito.

Ese estado interior es síntoma de una depresión. El mantenerse ocupados evita conectar con su «yo» interior, con sus pensamientos y sus sentimientos, lógicamente críticos sobre sí mismo. Evita el que se sientan inferiores a los demás, o por camuflar el que acepten cosas que realmente les van grandes, y muy a menudo para evitar una relación sentimental que no toleran, y de la cual no son capaces de salir.

El mártir: Suelen ser más mujeres que hombres que exponen su debilidad cuando en el fondo son más fuertes que un toro. Ponen toda su resistencia y determinación en cumplir su voluntad y captar la atención de todo el mundo, ya que sienten que es lo que necesitan, «su atención», se lo merecen y que hasta incluso tienen derecho a la atención de los demás.

Si te han hecho algún favor, te lo recordarán toda la vida, exigiendo eterna gratitud por su generosidad, por el enorme esfuerzo que hicieron. Aunque parecen manipular o utilizar a los demás dependen de ellos para alimentar su autoestima. Su objetivo es que les hagan sentirse importantes y respetados, y están seguros de lograrlo a costa de los demás.

Sus conocimientos más extensos son sobre las enfermedades y sus síntomas, de los cuales siempre intentan mantenerle al tanto, sobre todo de su estado de salud, el cual suele ser siempre malo o con motivo de preocupación. Las madres mártir y controladoras suelen recurrir a esa estrategia para impedir que su hija se marche y decida hacer su vida, o salga por las noches y disfrute en algún grado de su vida privada, recordándole lo poco que se preocupa por ella y su egoísmo. Si su hijo/a es un ratón, se quedará en casa.

Cuando coinciden dos mártires, suelen mantener una conversación bastante intensa sobre cuál de los dos se siente peor y cuál tiene la enfermedad más grave y ha tenido más operaciones. Los dos hablarán al mismo tiempo y ninguno escuchará lo que el otro dice, ya que estarán demasiado ocupados en recordar los detalles de su enfermedad que sean peores que los de su oponente.

El mártir tiene mucha energía y determinación mal encaminadas. Suele atraer al ratón, con lo cual se establece una relación sadomasoquista. El mártir se lamenta mientras el ratón le escucha con admiración, sintiéndose necesitado. El resto de la gente suele apartarse del mártir. Cuando no obtienen la atención deseada, los mártires se suelen sentir desamparados en su inseguridad y se provocan a sí mismos más síntomas a fin de que los demás se sientan culpables de su abandono y corran de nuevo hacia ellos. Los mártires son propensos a contraer enfermedades reales, ya que están todo el día pensando en ellos, y es lo que atraen; como ya hemos mencionado: *Somos lo que pensamos y sentimos.*

Los mártires son personas solitarias e inseguras que nunca han recibido suficiente atención en la vida. El hecho de estar enfermos en alguna ocasión dio lugar a que se ocuparan de ellos y acuden a ello una y otra vez.

Si son afortunados y se encuentran con alguien que les enseñe otros métodos distintos y más positivos de atraer la atención y no aceptar sus chantajes, podrán aprender a canalizar su energía de forma más constructiva.

Lo que está claro es que, ya sea para llamar la atención, para controlar al prójimo, etc., todo es producto de una baja autoestima, y que cuanto más nos centramos en lo negativo —en este caso las enfermedades— más lo atraemos.

Las enfermedades son somatizaciones de nuestros sentimientos reprimidos, cosa que perturba nuestro equilibrio emocional, por ejemplo: la rigidez del pensamiento conduce a la rigidez de los miembros, la represión de los sentimientos favorece el estreñimiento, la incapacidad de expresar la cólera provoca depresión, el rechazo de la feminidad provoca problemas menstruales y sexuales.

El cuerpo se comunica con cada una de sus partes; cuando algo va mal, el cuerpo nos habla y, si no sabemos o podemos escucharlo, nos susurra y, si aun así no escuchamos, aunque no queramos, este nos grita. Ese grito es el dolor, la enfermedad o el accidente.

Quizá pienses que la enfermedad simplemente sale. Pero está totalmente comprobado que no es así, y lo he comprobado por mí misma, ni tan siquiera cuando tropezamos, nos torcemos un tobillo o nos cortamos un dedo. Cuando ocurre esto piensa: «¿En qué estaba yo pensando?», y revisa los pensamientos que estabas teniendo en aquel momento. No mantenías la atención plena. Igualmente, cuando enfermas mira lo que simboliza la zona enferma o el tipo de enfermedad en sí, y sabrás dónde habita el problema para poder trabajarlo. Sabes que al igual que nos enfermamos también nos podemos sanar trabajando la causa del problema que nos ha producido la enfermedad. Un libro muy sencillo, y que yo consulto a menudo para ver lo que simboliza cada problema que surge, es el de *Sana tu cuerpo*, de Louise L. Hay. Es muy sencillo y práctico, y en él compruebo mis dolencia; además viene acompañado de afirmaciones que nos ayudan a trabajar de manera inconsciente sobre el problema físico y emocional.

Lo que hay que trabajarse bien es la autoestima y el crecimiento interior para estar en paz con nosotros mismos. No hay nada que se pueda reprimir; si lo reprimes de una forma, se expresará de otra. La enfermedad es una expresión inconsciente de una parte tuya que reprimiste y no te permitiste expresar.

Algunas causas de falta de expresión, además de la falta de autoestima, puede ser alguna grabación del pasado o de la infancia, haber pasado por una experiencia en la que expresó tus sentimientos y te hicieron daño, entonces se pudo formar la creencia de: «Si muestro mis sentimientos, me hacen daño». Entonces, consciente o inconscientemente, decidiste reprimir la expresión de tus sentimientos, los cuales se manifiestan creando un problema físico y/o emocional.

El poder de una creencia es tan grande que deforma la realidad. Creamos e interpretamos nuestra realidad a través de nuestras creencias. Una creencia como la de «todo es un problema» convierte todo en un problema y a la vez refuerza más esta creencia. Y cada una de esas interpretaciones tiene su repercusión física en nuestro cuerpo, ya sea con molestias, accidentes o enfermedades.

Es muy importante aprender a escucharnos, ya que nuestro cuerpo dice mucho de nosotros y nos da mucha información sobre nosotros mismos. Una forma de escucharlo es también a través de nuestra intuición, que todos tenemos y pasamos por alto la mayoría de las veces. Ella es una guía que nunca se equivoca. Es nuestra sabia voz interior que nos habla en los momentos oportunos y que pocas veces escuchamos y muchas veces ignoramos por actuar de forma mentalmente impulsiva.

La intuición viene del alma y del corazón, pero la frenamos al intentar actuar desde la cabeza, de forma lógica y racional. Lo peor es que nuestra lógica es muy limitada y se basa en las líneas que el mismo hombre ha creado.

Al reprimirnos es como si diéramos la espalda a la vida, cuando la vida nos habla para que nos giremos, ya que caminar de espaldas por la vida solo provoca golpes por todos lados.

La vida es mágica y no debemos perdernos su aventura; debemos vivir la vida día a día desde los ojos ilusionados de un niño. Como aprendí con José María Doria: «El que no cree en milagros no es realista».

Para amar la vida debemos empezar por amarnos a nosotros mismos. ¿Cómo pretendes ser amado/a por alguien, aceptado o admirado por alguien, si tú que eres tú no te amas, aceptas y admiras a ti mismo/a? Debemos amarnos por lo que todos somos interiormente, hermosos espíritus elevados viviendo en un cuerpo humano la aventura de la vida en un mundo físico, en el cual todos tenemos derecho a amarnos y ser amados, a respetarnos y ser respetados, a admirarnos y ser admirados, pero siempre empezando por aplicarlo a nosotros mismos. ¿Cómo puedes ser capaz de pedirle a alguien que haga algo que no eres capaz de hacer tú? Empieza por actuar primero contigo mismo y luego verás los resultados en tu entorno. Primero se siembra y luego recoges. Como se ha mencionado anteriormente, transmitimos los sentimientos internos. Si te amas a ti mismo/a, si te aprecias, valoras, admiras, eso es lo que los demás percibirán, porque tú se lo transmitirás y será a la vez lo que sentirán por ti. Siempre que lo que sientas sea un sentimiento sincero y sano, no una aptitud prepotente por camuflar el bajo sentimiento que tengas por ti mismo/a. Entonces solo intentarías engañarte a ti mismo/a, ya que lo que se transmite es a nivel energético.

La autoestima, también se puede referir a ella como «nuestra fuerza interior», esa fuerza que te levanta cuando sientes que estás tocando fondo, o que estás cayendo en picado. Si la cuidamos y alimentamos siempre estará allí para apoyarnos cuando la necesitemos. Si la perdemos, será como perdernos a nosotros mismos.

Está claro que siempre van a surgir emociones negativas, pero lo malo es negarlas y reprimirlas. Permítete sentirlas, reconocerlas, ser honesto/a contigo mismo/a y luego déjalas marchar sin agarrarte a ellas. Luego aliméntate de emociones que te llenen y te hagan sentir bien. Valora lo que eres y valora lo que tienes. Valora todo el camino que tienes andado, y todas las buenas semillas que has sembrado y que un día cercano vas a recoger. Valora la luz que te ilumina cada día y todo el amor que te rodea, el amor de la vida misma. Valora que puedes sentir, ver, pensar, percibir y, muy importante, transmitir estos mismos valores a tu entorno. Transmitir todos estos valores profundos e importantes, en lugar de centrarnos en lo superficial que de momento está dominando en este mundo físico, el vivir y valorarnos por simples apariencias, hasta que seamos una mayoría que decidamos lo contrario, pero todo empieza en el interior de uno mismo, y predicando con el ejemplo. Recuerda que lo que se siente se transmite y percibe, y que lo que realmente vale es ese diamante interior que todos llevamos dentro y que está esperando que lo hagas brillar.

¿Cómo transformar un hecho «negativo» en «positivo»? y ¿cómo no sentirte culpable de lo pasado? En el momento en que nos responsabilizamos de nuestros actos, aceptamos que somos los únicos responsables, ya que disfrutamos de la libertad de elección en nuestra vida, dejamos de juzgarnos y, por lo tanto, de culparnos. Además, en el momento de responsabilizarnos y de aceptarnos, aprendemos a sacar un beneficio de la experiencia, lo cual es un aprendizaje; si se aprende de ello, deja de ser negativo y entonces uno deja de sentirse víctima de los acontecimientos. Estos acontecimientos ocurren para hacernos más conscientes de nuestro camino en la vida; son las señales que nos dicen por dónde ir. Por eso es tan importante aprender a leerlas.

La fuerte autoestima nos ayuda a dar pasos firmes por el camino de la vida, y así no dar tantos rodeos ni tropiezos, ya que andamos más seguros, siendo conscientes de que no somos «víctimas» de nadie, sino de nosotros mismos. Somos los únicos responsables de nuestros actos y decisiones. Las riendas de nuestra vida las manejamos nosotros mismos. Con una baja autoestima es cuando se las cedemos a los demás, y andamos como un barco sin capitán, que lo más seguro es que se hunda a la deriva.

La vida nos habla constantemente y, si aprendemos a escucharla, tarde o temprano entenderemos el mensaje.

Solo nosotros tenemos el poder de cambiar nuestras creencias y a través de ellas nuestros sentimientos, y así modificar nuestra forma de vida por otra más acertada y positiva para nosotros mismos, y en consecuencia disfrutar de una mejor salud mental, emocional y física, y, por lo tanto, más placentera y fácil.

Como todo, para esta transformación hace falta que sea desde la consciencia, y para que esta sea consciente hace falta la clave de «darse cuenta», y desde luego eso solo ocurre si uno quiere. Cuando hay una aceptación total, o sea, ese «darse cuenta», la acción de comienzo al cambio es automática.

También es muy importante la espiritualidad y la confianza total en la vida. Es muy importante reflexionar cómo nos relacionamos con la vida, ya que este será el contexto en el que vivimos. Si vivmos de espaldas a la espiritualidad no vamos a encontrarle más sentido a la vida que un minúsculo paso en la larga cadena de la evolución humana. O sea, mucho sufrimiento sin sentido y solo algunos momentos de felicidad. Cuando ocurre esto, lo más probable es que nos sintamos víctimas de la vida misma. Si este es el marco en el que eliges vivir tu vida, así va a ser. Cuando hablo de espiritualidad me refiero a la conexión con tu yo verdadero, tu ser que habita en tu interior.

Por el contrario, si decidimos no dar la espalda a la vida, hay varios pasos que podemos dar para que nos ayuden a encaminarnos en el buen camino.

¿Cuáles son? ¿Cómo podemos empezar a querernos? Podemos empezar por conocernos a nosotros/as mismos/as. Necesitamos conocernos para poder amarnos, para poder amar cada parte de nosotros, muchas de las cuales desconocemos, o nos resultan desconocidas y somos inconscientes de ellas. Una de las ayudas a las que podemos recurrir para llevar a cabo este proceso de «autoconocimiento» y que a mí me ha ayudado mucho y me sigue ayudando es la práctica de yoga. El yoga es una meditación consciente sobre cada asana o postura. La meditación sobre las asanas nos ayuda a conocer y además conectar con nosotros mismos de forma consciente, y con muchas partes de nosotros de las cuales no somos conscientes en el día a día. Además hay muchas asanas que por los puntos de nuestro cuerpo que presiona nos ayudan a vencer la timidez y la falta de autoestima, equilibrando nuestro sistema emocional.

El autoconocimiento nos ayuda a querernos, y cuanto mayor sea este, mayor será nuestra autoestima. El yoga también nos ayuda a conectar con nuestra parte espiritual y a crecer en la espiritualidad, a estar equilibrados interiormente y más sanos y flexibles físicamente, cosa que también nos ayudará a gustarnos más a nosotros mismos y a nuestra autoaceptación.

También nos ayuda a nuestro autonocimiento la «meditación», llevar nuestra mente a su estado natural que es el silencio interior. Como dijo Swami Vishnu-Devananda: «Siente el silencio, escucha el silencio, saborea el silencio». El silencio es la música de tu alma. El silencio en nuestro interior nos lleva a sentir paz, equilibrio, alegría, comprensión, confianza en la vida y en nosotros mismos, amor por la vida, por el universo y por nosotros mismos. Nos proporciona ese estado equilibrado que todos buscamos de una forma o de otra y que todos necesitamos para no tambalearnos en la vida, para sentirnos como fuertes robles que aunque el viento sople muy fuerte y sus ramas se muevan, nada moverá sus raíces, porque están fuertemente agarradas en la tierra, y de eso se trata.

Si nunca hemos practicado «meditación», una forma fácil de introducirnos a ella, además de asistir a talleres donde te enseñan, y que además en grupo se mueve una energía muy buena y gratificante, es haciendo «respiración consciente». La respiración consciente nos ayuda a ir haciéndonos conscientes de partes nuestras a las que dábamos la espalda, de aceptarlas y de integrarlas a nuestra vida para ir teniendo una visión más amplia de quiénes somos. La respiración consciente es el primer alimento del alma, con el cual conectamos con un espacio de silencio interior desde donde escuchamos directamente nuestra alma. La mente nos llena interiormente de ruidos y con la respiración consciente estos se acallan, ya que ponemos toda nuestra atención en el proceso de respiración. Pasar de la respiración inconsciente, es decir, respirar sin darse cuenta, a la respiración consciente es un gran paso para hacerte más consciente de muchas otras cosas en tu vida.

La respiración es la metáfora de la aceptación de la vida, al inspirar aceptamos vida. Inspirar es aceptar y espirar es contribuir. Es como recibimos al mundo cuando nacemos, una inspiración profunda y devolver el aire es nuestra primera contribución. El elemento transformador de la respiración consciente no es la técnica de respiración ni la visualización, es la conciencia que aportas al proceso.

Otra forma de meditar es poniendo «atención plena» a lo que estamos haciendo en este momento, en todo momento. Me refiero a que si estás caminando prestes atención a cada movimiento que hacen tus pies, cómo los apoyas, cómo los mueves, qué movimiento es el primero que haces, qué parte de tu pie apoyas primero, cómo mueves tus piernas, tus brazos, la postura de tu espalda, etc. Poner toda la atención en lo que estás haciendo en cada momento. Por regla general, tendemos a hacer una cosa y estar pensando en lo que haremos después o lo que hicimos antes, en lugar de estar en el «aquí y ahora». Es una táctica de evasión para evadirnos de nosotros mismos, para evadir esas partes que no nos gustan, o que no aceptamos de nosotros mismos ya sea a nivel consciente o inconsciente. El primer impulso de la mente es evadir esa parte que no se acepta de sí mismos con la excusa de que hay que distraerse. Luego nos deprimimos, y como dijo Mariló López Garrido: «No estamos deprimidos, estamos distraídos». Distraídos de nosotros mismos, qué ignorancia por nuestra parte. Nosotros no podemos separar ninguna parte nuestra, somos uno y están sincronizadas todas y cada una de nuestras partes: cuerpo, mente y espíritu, y cuando intentamos consciente o inconscientemente separar o ignorar ya sea una o más de nuestras partes, se desencadena un desequilibrio en nosotros que nos hace sentir mal de alguna forma, y que de alguna manera a la vez somatizamos, ya sea como he mencionado antes con falta de autoestima, con enfermedades físicas, etc. La cuestión es que estamos desequilibrados y nos sentimos mal. He ahí la suma importancia de conocernos a nosotros mismos y de crecer interiormente.

Otra técnica que nos puede ayudar a fomentar nuestra autoestima es el poder de las afirmaciones. Las grabaciones que tenemos en nuestro interior se han grabado allí a base de repeticiones, ya sean de hechos o de palabras, las cuales ya no nos sirven, si sirvieran no nos harían daño. Por lo tanto, se trata de sustituir estas grabaciones por otras que nos sirvan y nos ayuden en nuestro crecimiento, unas grabaciones que nos hagan sentir bien, a gusto con nosotros mismos. Para esto nos sirve el repetir afirmaciones. Como bien dice el nombre, son frases afirmativas, positivas y en presente. Unas frases que nos ayudarán a atraer hacia nosotros un «yo» con el cual nos sintamos bien, a gusto, equilibrados e identificados. Es importante el pronunciar estas afirmaciones antes de empezar el día, por la mañana, es muy poderoso hacerlo ante el espejo y mirándonos a los ojos.

Si tu autoestima es muy baja es posible que las primeras veces no puedas evitar llorar, pero es normal, ya que las primeras veces no te crees lo que estás diciendo aunque lo anhelas. No te reprimas, permítete expresar tus sentimientos y sigue con el proceso de las afirmaciones sin preocuparte, ya que esto es solo el principio de tu nuevo y positivo proceso de sensaciones y sentimientos que te llevarán a quererte, a aceptarte a ti mismo y a confiar en ti y en la vida, además de transmitir a los demás que hagan lo mismo.

Una cosa que debemos evitar, ya que además de hacer daño a las otras personas también nos lo hace a nosotros mismos, es el del chismorreo. Debemos ser impecables con nuestras palabras. ¿Por qué nuestras palabras? Porque estas constituyen el poder que tenemos para crear. Mediante nuestras palabras expresamos nuestro poder creativo. Es como ponemos nuestra intención de manifiesto. Lo que soñamos, lo que sentimos, lo que somos, todo esto lo mostramos a través de nuestras palabras. Nuestras palabras son fuerza, constituyen el poder que tenemos para pensar y crear los acontecimientos en nuestra vida. Son una herramienta poderosa, un instrumento mágico; ningún otro animal sobre la Tierra tiene el poder de la palabra y debemos cuidarlo, pues puede ser un arma de doble filo: pueden crear el sueño más bello o destruir todo lo que te rodea. Un filo es el uso erróneo de las palabras, pues te creará un infierno en vida. El otro es la impecabilidad de las palabras, pues engendrarás amor, belleza y el cielo en la tierra, según las utilices te liberarán o te esclavizarán. En ellas se basa toda la «magia» que poseemos, que si se utilizan mal se convierten en magia negra.

Como ejemplo está el de Hitler: ¿a cuántas personas manipuló y mató con el poder de la palabra? Utilizó sus palabras para atemorizar a un país entero.

Teniendo en cuenta el enorme poder de las palabras debemos comprender el poder que emana por nuestra boca. Una palabra es como un hechizo, y las personas las tendemos a utilizar como si fuéramos magos de magia negra, hechizándonos los unos a los otros imprudentemente. Si entendemos que lo que rechazamos de los demás es un reflejo de algo que inconscientemente rechazamos de nosotros mismos, todo cambia. Utilizar mal las palabras contra el prójimo es rechazarnos a nosotros mismos y nos hace daño, nos hacemos daño a nosotros mismos. Mientras que si somos amorosos con los demás, también lo somos con nosotros mismos.

Si me amo a mí mismo, expresaré ese amor en más relaciones con los que me rodean y seré impecable con mis palabras. Ser impecable con tus palabras significa utilizar tu energía correctamente, en la dirección del amor por ti mismo, y entonces se limpiará todo el veneno emocional que hay en tu interior y podrás llegar a sentir este amor con mayúsculas por ti, por los que te rodean y por el universo entero. La clave es: *Empieza por amarte a ti mismo,* o sea, la autoestima.

LOS MALOS TRATOS

Por la falta de autoestima también existen los maltratadores y los maltratados.

¿De dónde surge el maltratador? El maltratador es el resultado de una muy pobre imagen de sí mismo. De un sentimiento tan sumamente inferior y ruin hacia su propia persona que para encubrirlo necesitan someter y humillar y sentirse dueños de alguien que ellos perciben más débil, para camuflar la pobre imagen que tienen de ellos mismos, al conseguirlo se sienten más fuertes y poderosos, cuando en realidad son unos seres cobardes, que no se atreven a mirarse detenidamente a los ojos delante de un espejo.

El maltrato siempre empieza de forma psicológica, ya sea con insultos o humillaciones, empezando poco a poco hasta que es continuo, luego pueden pasar a los empujones, bofetones e incluso llegar a graves palizas. Utilizan de la parte psicológica para ir bajando la autoestima a una persona que ya la tenía baja, para poderla así manipular y atemorizar con mucha más facilidad.

El maltrato es algo que jamás se debe permitir ni aguantar, aunque no se llegue a la parte física. De nada sirven las justificaciones. No hay razón ninguna, por grave que sea la actuación, para justificar el maltrato, sea de la clase que sea, y sea del grado que sea. Por mi propia experiencia, al haber tenido vivencias de malos tratos, puedo decir que de nada sirve el perdón y el arrepentimiento que algunos pueden manifestar después de la actuación, ni el «voy a cambiar». Una persona no cambia de la noche a la mañana. Para que esta cambie tiene que haber un real «darse cuenta» de que está actuando mal y buscar ayuda profesional para ver por qué surge y de dónde surge la violencia a la que está dando lugar con sus actos. Y a raíz de allí trabajar terapéuticamente con el profesional para sanar esta parte. Pero repito, para todo esto es necesario que sea uno mismo el que se dé cuenta para querer y poder trabajar sobre ellos. No vale el «lo haré por ti» o «porque te quiero». Esto nunca funciona y no hay que querer engañarse a uno mismo, ya que todos los intentos de engaño a sí mismo son actuaciones ignorantes que solo llevan al sufrimiento de uno mismo. Lo mejor para uno es afrontar la realidad y responsabilizarse de ella por dura que esta sea. No importa «el qué dirán», solo tienes que vivir para ti, quererte a ti y aceptar tu propia realidad que un día creaste, pero que hoy tú puedes cambiar.

¿Qué hay de los maltratados? Como ya mencioné antes, son personas con baja autoestima y de aptitud sumisa a la que el sujeto con también baja autoestima, pero con aptitud prepotente y violenta, le baja más la autoestima con sus actuaciones de humillación, denigrando al individuo hasta el punto en que esta persona maltratada se siente anulada y que no vale nada. Llega realmente a creer que sin la otra persona no vale nada ni es capaz de nada, hasta el punto de creer que todas las situaciones vividas son culpa suya y que las provoca ella. Se sienten culpables de las reacciones de la otra persona, por lo tanto se dejan paralizar por el miedo, el cual las impide tener cualquier tipo de actuación, siendo su única reacción la de «agacharse» y aguantar, sintiéndose víctimas de sí mismas y del «verdugo».

Aquí hay que matizar a todas las personas que estén pasando por situaciones así o parecidas, que cada uno es libre de elegir sus actuaciones y sus reacciones y que, por lo tanto, cada uno es responsable de sus propios actos y no de los del otro.

Tú eres responsable de ser violento o amoroso, de gritar o ser amable, de aguantar o de actuar, de elegir tu propia vida, de seguir igual o dar un salto, «el gran salto», este salto que te llevará a tu «autorrealización», el salto del renacer, ese renacer en el que el primer ser al que amas y aceptas eres tú mismo. Para que de una forma equilibrada, centrada y en la cual no existen apegos porque tú eres tu propio centro, dé lugar a ese amor desde el cual podrás amar libremente a los demás de forma desapegada e incondicional. Si hay culpa es porque hay juicio, mientras que si hay responsabilidad hay aprendizaje y si hay autoestima uno se responsabiliza de sí mismo tomando las riendas de su propia vida.

Cuando se las cedes a otra persona es cuando hay un intento de evasión de esa responsabilidad otorgada por la vida misma, y que si la intentas evadir todo empieza a salir «torcido», ya que nadie puede huir de lo que se ha venido a aprender en este mundo; ignorando solo se consigue que la vida te dé más «bofetones» para que aprendas de una vez. No puedes nadar contracorriente, o nadas con ella o te ahogas en el intento de nadar en contra.

Otra de las formas de manifestar nuestra falta de autoestima es dándonos atracones de comida. Esto sucede al sentir ese vacío interno por la falta de amor hacia nosotros mismos y que intentamos llenarlo de comida. Lo que pasa es que por mucho que nos hinchemos no lo vamos a llenar; puede que se note un pequeño alivio mientras comemos, pero al rato lo volvemos a sentir. A veces incluso no se deja de sentir la insatisfacción mientras se come, y esto hace que se despierte más ansiedad e incluso rabia que produce el sentimiento de necesitar autoagredirnos, ya que el atiborrarnos es una forma de autoagresión.

Si te identificas con lo descrito anteriormente, debes preguntarte: ¿De qué me culpo? ¿Qué no acepto de mí? ¿Por qué no acepto eso de mí? Quizá no te aceptes o no aceptes ciertas cosas o partes de ti por alguna grabación mental que se quedó ahí grabada de tu infancia, de compañeros del colegio, de tus padres, amigos y/o familiares y que a raíz de ellas no puedas aceptarte al completo. Bien, si es así debes trabajarte primero la reconciliación con tu niño/a interior. Abrázalo todos los días, visualízate en una foto de tu infancia con la que te identifiques, dile que lo/a quieres, que nunca lo vas a abandonar, que le amas tal y como es, pues es único en el tiempo, «nunca ha habido ni habrá nadie igual», como dice Louise L. Hay. Hazlo todos los días, aunque solo sean cinco minutos.

Luego trabájate el perdón contigo mismo/a con el ejercicio que te describo aquí:

- Durante siete días ininterrumpidos (si los interrumpes espera dos días y vuelve a empezar) vas a escribir setenta veces cada

día: «Yo… (nombre) me perdono total y amorosamente por…».
Seguramente el segundo y tercer día, cuando vayas a hacerlo
te surgirán cosas por las que perdonarte que no habían surgido
el primer día, ponlas también y hazles una señal, pues estas frases las acabarás uno o dos días más tarde que las del primer día.
Cuando hayas cumplido los siete días, coge todos los perdones
escritos y quémalos con una aptitud de desprendimiento de
todas estas cosas que ya no te sirven en tu vida, pues no te
hacen sentir bien, solo te hinchan emocionalmente y te auto-
destruyes por ellas.

Nunca debes olvidar la unión que somos; esa unión de cuerpo,
mente y espíritu. Cuando te sientes mal, realmente es porque separas
esta unión. Ámate tú primero y luego lo harán los demás.

¿Cómo influyen tus padres en tu vida? ¿Eres lo suficientemente
maduro/a para mantenerte en tus decisiones aunque su opinión sea
contraria a la tuya, o te hace tambalear hasta el punto de que al final
acabas haciendo lo que tú no querías?

Una de las bases importante a la hora de amarnos a nosotros mismos es tomar las riendas de nuestra propia vida, solo entonces dejamos de buscar la aprobación de los demás, incluso de nuestros padres.
Esto no significa que no escuchemos sus consejos, pero sí que las decisiones siempre son de uno mismo, aunque sean totalmente contra-
rias a lo que piensen u opinen los otros, o sea, decir «sí» cuando
quieres decir «no», o comprarte el jersey rojo cuando a ti realmente
te gustaba el azul, pero se te dijo que te favorecía más el otro.

Nombro a los padres, ya que es de quien cuesta cortar el «cordón umbilical» simbólico que queda. Hay que tener en cuenta que tomar las riendas de nuestra vida no es dejar de quererlos, es amarlos desde una aptitud de aceptación hacia ellos, una aptitud de madurez y amor, pero sin dependencia. Ellos han elegido su vida, sus parejas, incluso la forma en la que han querido vivir, el lugar y la manera. Pero eran sus elecciones y su vida. Ahora te toca a ti elegir la tuya. Todos nacemos con la libertad, la autonomía y el derecho para hacerlo. Solo cuando dejas de amarte sientes que pierdes ese derecho para hacerlo y empiezas a sentirte culpable si lo intentas.

Si te amas lo suficiente, te resultará fácil exigir ese respeto (desde el respeto y el equilibrio) cuando haya conflicto, ya que te sentirás con la seguridad y el derecho de hacerlo, te sentirás en contacto con tu propio poder personal. Ese poder que te ayudará a hacer y realizar todo lo que te propongas en tu vida. Conectarás con esa parte de ti que habías enterrado cuando cediste tus riendas. Esa parte poderosa que todo lo puede si sabes cómo utilizarla. Es ese poder que se despierta y que es capaz de atraer hacia ti todo lo que deseas cuando te amas y te sientes merecedor de todo lo bueno.

Un ejercicio que me gusta y que utilizo para fomentas la autoestima cuando uno no es capaz de ver sus propios valores es el siguiente:

- Relájate en una posición cómoda, preferiblemente tumbada, con los ojos cerrados, sintiendo todo tu cuerpo totalmente suelto. Céntrate en el aire que entra y sale por tu nariz. Siente que cada respiración te adentra más y más en un estado de profunda paz y serenidad.

Ahora visualiza en tu mente la figura de alguien que aprecias y que te valora, que aprecia todas las cosas buenas que tú tienes. Ahora visualiza (OJO, LÍNEA ILEGIBLE) sus ojos todas las cosas buenas que esa persona valora de ti. Siente el amor y aprecio que siente por ti, vibra en esas sensaciones que se despiertan en ti al sentir y ver todos esos valores. Ahora visualiza que sales de su cuerpo y vuelves a ti, e intenta ver de ti mismo lo mismo que veías y sentías antes de ti. Ve, siente y valora todas esas mismas cosas, y siente ese amor, aprecio y valoración hacia ti mismo. Repítelo varias veces hasta que consigas sentir eso de ti sin hacer el ejercicio.

Como dice Louise L. Hay: «No eres ni tu padre ni tu madre, no eres ni tus profesores del colegio, ni tus compañeros, ni tus familiares ni amigos, ni tampoco las ideas religiosas que pudieron inculcarte de pequeño. Tampoco eres ese niño de tu infancia. Eres una expresión divina del universo, eres perfecto como eres y jamás volverá a haber nadie igual a ti, ni tampoco lo hubo antes».

Pues creo que esa es razón más que suficiente para amarnos, aceptarnos, respetarnos y querernos tal y como somos.

Ser o no ser... 2

Ser o no ser, esa es la cuestión.

HAMLET

¿CUÁNTO tiempo dedicamos a hacer, a aprender, a aprender a hacer, a interpretar, a aprender a interpretar? ¿Y cuánto tiempo dedicamos a Ser? Nos pasamos el mayor tiempo de nuestra vida dedicados a hacer cosas. Empezando por aprender a interpretar un «papel» de cómo deberíamos ser para gustar a los demás, a nuestros padres los primeros, a nuestros amigos, profesores, vecinos, jefes, familiares... Y siempre, lógicamente, desde la suposición. Primero supones cómo crees que deberías ser para gustar a los demás y luego interpretas ese supuesto papel dejando de ser tú mismo, porque a la vez supones que no les va a gustar tu verdadero Yo, con lo que debes inventarte otro. Todo esto desde la grabación mental de rechazo que se tiene hacia uno mismo. Desde ese mismo rechazo surge la necesidad de seguir haciendo más, y sentir que tienes que ser el mejor y el más divertido o el que más tenga, el que siempre gana... Necesitas ser el que tenga el coche más grande y potente, con unos enormes

45

altavoces para que todo el mundo se gire al escuchar la música a la última cuando pasas por la calle y con un enorme tubo de escape para hacer todavía más ruido, que todo el mundo se entere bien de que estás ahí. También vas a necesitar tener la casa más grande y lujosa del barrio para que todo el mundo comente dónde vives, y así, los tacones más altos, los vestidos más cortos, la peluquería más cara, hacer más cosas para que no se noten los años y... más y más. ¡Qué esclavitud! ¡Qué fatiga! Y todo por dejar de ser tú, por necesitar la aprobación de los demás, por no aprobarte, aceptarte y amarte a ti mismo. Y no se acaba ahí el hacer, luego necesitas trabajar doce horas al día para pagar todo esto. ¿Y cuánto tiempo te queda para ser tú? ¿Cómo pretendes quererte si ni siquiera ERES? Y si no ERES, no puedes conocerte.

«Ser o no ser, esa es la cuestión.» Aprender a ser, a sentirte, a respirarte, a conocerte, a amarte, a aceptarte, permitiéndote ser Tú. Pues eres mucho más que tu cuerpo, tu nombre y tu DNI. Eres algo mucho más profundo que todo eso, y que con el día a día has ido tapando y te has ido separando hasta estar totalmente desconectado. Te aseguro que si te permites ser, amándote y aceptándote, si te permites conocerte, no solo te vas a aceptar tú, sino que todo tu entorno también lo hará. Pero todo empieza por uno mismo. Tengo una frase que es el lema del centro terapéutico que dirijo en Lugo y que es: «Cámbiate a ti y cambiará tu vida». Elegí esta frase por haber experimentado en mí precisamente eso. Todo empieza por uno mismo. Cuando uno no se ama surge ese vacío interno que solo se puede llenar desde dentro. Puliendo ese hermoso diamante que todos tenemos dentro, vaciando la basura que hemos ido echándole encima con vivencias que hemos ido calificando como negativas a lo largo de nuestra vida, y dejar brillar nuestro diamante. Que brille tanto hasta que su resplandor se vea allí donde vayas. Ámate para que te amen, acéptate para que te acepten y brilla para que te admiren, reconoce tus valores para ser reconocido.

¿Cómo aprender todo esto? Al final del libro vienen unos ejercicios que son algunos de los muchos que utilizo en consulta y que te ayudarán a lograrlo. Aprende a respirar conscientemente, dedica unos minutos al día para sentirte, para ser, para respirarte. Practica yoga y meditación, y si es necesario busca ayuda de un buen profesional que sepa ir más allá de la terapia cognitiva. Deja atrás tu pasado, el pasado no existe, el futuro tampoco, ya que siempre acaba siendo un presente. El presente es lo único que existe, es nuestro regalo divino, por eso se llama *presente*. Si miras atrás tiene que ser para aprender a no repetir lo que hicimos y que nuestros considerados errores así se conviertan en aprendizajes. Para mirar lo que no salió como queríamos y ver lo que nuestro pasado nos enseñó, sacando la parte positiva de aquellos sucesos, ya que, incluso de lo que no sale como queremos o como nos hubiera gustado, siempre hay algo que aprendemos y siempre hay un porqué.

El universo, Dios, llámalo como quieras o como tu tendencia religiosa lo llame, pues es indiferente, es esa misma energía universal; es mucho más sabio que nosotros; es más, es perfecto y siempre nos da lo que necesitamos, aunque no sea lo que queremos y no podamos darnos cuenta de ello en ese momento. Con el tiempo verás que siempre hay un porqué.

Es importante saber que todos hemos venido a este mundo para aprender algo, y sobre todo para aprender a ser, aprender a conocernos y a mantenernos conectados con nuestro ser para así estar en equilibrio y podernos mantener equilibrados en cualquier circunstancia. Cada uno de nosotros necesitamos de unas vivencias que nos llevan a aprender a ser de alguna forma, aunque esta no sea la que nos hubiese gustado o la que hubiésemos querido. Otra forma para aprender a querernos es desapegándonos y desidentificándonos de lo que te pasa, tú no eres lo que te pasa, y si no eres lo que te pasa puedes cambiarlo y puedes controlarlo.

Cuando se cae en una depresión es porque uno se identifica con su mente y se sumerge en ella. Desde la mente se hace lo mismo con los pensamientos y que por regla general son de mala calidad. Uno se identifica con esos pensamientos, se sumerge en ellos, producto de su mente y se convierte en ello. De ahí surgen las emociones que van de acuerdo con la calidad de pensamientos que han sido producto de la mente. Entonces uno se ha convertido en todo eso; se ha identificado con todo eso menos con lo que verdaderamente es. Y ¿qué eres si no eres ni tu mente, ni tus pensamientos, ni tus emociones? Eres esa parte de ti que puede observar, sentir y ver todo eso, todo el proceso que ocurre en tu mente y cuerpo. Y cuando te identificas con lo que no eres, y dejas de ser lo que sí eres, es cuando surge un desequilibrio interno en ti y te sientes mal, no te sabes querer, amar, sentir, porque has dejado de ser y te has desconectado de tu verdadero Yo.

La autoestima y la madurez 3

¿POR qué nos enfadamos y puedes llegar a sentir rabia, envidia, guardar rencores, deseos de venganza, te puedes tomar las cosas personalmente y te sientes mal?

Cuando nos ocurre algo de todo eso, o sentimientos similares, siempre se tiende a buscar una razón o motivo externo que justifique los sentimientos que surgen en nosotros.

¿Por qué cuando algo no nos gusta tendemos a reaccionar «saltando chispas», de forma impulsiva e instantánea?

Cuando tenemos baja autoestima, nuestro ego crece demasiado, y cualquier crítica es considerada de forma inconsciente como un ataque personal. Es demasiado fuerte para nosotros aceptar que alguien piense diferente a nosotros, que opine diferente es como si nos clavaran un puñal. Y más cuando lo que buscamos, ya sea de forma inconsciente o no, es la aprobación de los demás y sus alabanzas. Todo esto nos lleva a sentirnos en las formas o estados descritos anteriormente, con lo cual resulta muy difícil madurar si no se rompe ese círculo vicioso.

Debemos tener en cuenta que absolutamente todo ser humano nace con la libertad de elección, y que nada ni nadie nos la puede dar ni quitar, ya que es un derecho con el que nacemos. También tener en cuenta que los hechos siempre son neutros y nosotros, según las grabaciones mentales, decidimos interpretarlos como buenos o malos.

¿Qué quiero decir con eso? ¿Y qué tiene que ver con la autoestima?

Bien, cuando nos amamos lo suficiente no nos cuesta responsabilizarnos de nuestras vidas y sentimientos. Tomamos las riendas de nuestra vida, cosa que nos ayuda a madurar. La madurez realmente es querernos y aceptarnos lo suficiente para responsabilizarnos absolutamente de todo cuanto ocurre en nuestras vidas, incluyendo nuestros sentimientos, nuestros estados y nuestros pensamientos, y responsabilizarse no significa culparse.

Cuando maduramos y nos amamos, dejamos de tomarnos las cosas de forma personal, pues nuestro nivel de comprensión es mayor.

Hay un cuento zen que me gusta mucho, y describe muy bien lo que estoy expresando. El cuento dice así:

Había un maestro zen que, a pesar de las circunstancias caóticas que le rodeaban, todos los días estaba con una sonrisa, alegre y lleno de paz, cosa que sorprendía a sus discípulos. Un día, después de tanta intriga, uno de sus discípulos se atrevió a preguntarle:

—Maestro, ¿cómo haces para estar alegre y contento todos los días a pesar de las difíciles circunstancias que te rodean?

A lo que su maestro contestó:

—Es muy fácil. Cuando me despierto me pregunto: «¿Cómo elijo pasar hoy el día? ¿Triste y enfadado, o alegre y contento? Y todos los días elijo pasarlo alegre y contento».

Esto solamente podemos hacerlo madurando y responsabilizándonos de nuestros actos desde el amor hacia nosotros y todos los seres, desde la comprensión y la compasión. Desde allí hacemos las cosas sin esperar nada a cambio, por lo que, si lo recibimos, nos sentimos agradecidos y desde el agradecimiento sentimos la alegría.

Desde allí también dejamos de ceder nuestro poder personal al otro, cuando hay circunstancias en las que a lo mejor recibimos insultos y no nos identificamos con ellos. Como leí en otro cuento, cuando alguien te hace un regalo y tú no lo aceptas, ¿de quién es el regalo? A veces hay regalos que es mejor no aceptar.

Desde el amor hacia nosotros mismos, desde la madurez y el equilibrio, aprendemos a respetar los estados del otro, aunque no los aprobemos; los respetamos y aceptamos que reaccionen de forma diferente a como nosotros lo haríamos. Desidentificándonos de sus actos seguiremos estando bien, aunque estos actos fueran reacciones histéricas, insultos o chantaje emocional; son los estados del otro y no los tuyos. Amándote aprendes a separar, a elegir cómo quieres reaccionar, estar y sentirte tú.

Es imposible controlar tu entorno externo, con lo que si alguien espera ser feliz cuando cambien las cosas de su alrededor, desafortunadamente nunca lo será. Pero sí es posible cambiar el cómo tú las percibes, si desde tu gran ego por tu baja autoestima, o desde el amor hacia ti mismo/a.

Desde el ego intentarás convencer al otro, cambiarlo, y sus diferencias de opinión, sus actos y sus palabras te resultarán un ataque personal al que responderás con todos tus métodos de autodefensa, quedando al mismo nivel, intentado dar más fuerte que el otro. Desde tu autoestima y tu madurez aceptarás y respetarás la diferencia de opinión, aunque no la apruebes, pues entenderás que todos tenemos formas diferentes de percibir, de opinar y de actuar, y que es una libertad que nos es otorgada a todo ser humano.

Una vez fui al carnicero a comprar chuletas, y al preguntar si eran frescas reaccionó como si le hubiera dado una patada en la espinilla; se lo tomó como un insulto, contestando de malos modos, a lo que yo seguí tan tranquila. Mi madre, que me acompañaba, estaba pálida, y asustada me dijo: «Se ha enfadado un montón, a lo mejor no nos vuelve a saludar, no deberías haberle preguntado». Yo, tan tranquila, le contesté: «Yo pregunté educadamente, yo soy quien compra y es mi derecho saber si lo que compro está bueno; él elige enfadarse y yo lo respeto». Yo elegí no aceptar su regalo a la vez que le permití ser como él eligió ser y estar. Por cierto, estuvo dos meses con mala cara, pero, al ser su mala cara y no la mía, yo seguía yendo a comprar con buena cara y educación. Al final se cansó y decidió ponerme buena cara de nuevo, a lo que yo sigo igual, con la misma educación y buen semblante.

Desde la madurez y la autoestima hay una permisión y aceptación del otro.

Las rabias, envidias, celos, venganzas..., todos estos estados surgen de la pobre imagen que tenemos de nosotros mismos por la baja autoestima y la falta de aceptación de nosotros mismos.

CÓMO APRENDER A AMARTE

Para aprender a amarte, uno de los pasos más importantes es perdonarte a ti mismo y reconciliarte con tu niño interior.

Pongamos en práctica la reconciliación con tu niño interior. Para ello debes saber y comprender que, aunque tú hayas crecido y te hayas convertido en adulto, siempre llevarás una parte de ese niño que fuiste en tu interior. Y que todas las heridas no cicatrizadas, todos los conflictos no resueltos de tu infancia, los traumas no superados, aunque el tiempo los haya soterrado siguen ahí, en esa parte de niño. Todo esto influye en tu forma de actuar, de percibir, de sentir, de tomar decisiones y de cómo te tomas las cosas en tu vida adulta; todo lo que no está resuelto también influye en tu carácter, tu forma de pensar y en lo que atraes a tu vida, en cómo te ves y te sientes a ti mismo, en cómo te aceptas y amas a ti mismo, y en cómo te dejas influenciar o no, en tu autoconfianza y poder de decisión personal.

Este ejercicio de reconciliación con tu niño interior es muy efectivo, pero debes hacerlo todos los días durante un mes por lo menos. Es mejor si tú mismo lo grabas en un CD y luego solo tienes que ponerlo y seguir las instrucciones cada día. Si puedes más de una vez, mejor. Y hazlo siempre que te sientas mal, ya verás que luego te sientes mejor. Mira el ejercicio al final del libro.

La autoestima 4
y la enfermedad

¿QUÉ RELACIÓN TIENE LA AUTOESTIMA CON LA ENFERMEDAD?

Está más que demostrado que toda enfermedad es una somatización de emociones tóxicas que experimentamos de forma negativa en nosotros. A la vez esto está relacionado con nuestros patrones de pensamiento, en cómo pensamos, ¿vemos el vaso medio vacío o medio lleno? Dependiendo del nivel de nuestra autoestima, le daremos una interpretación u otra. Está claro que los hechos siempre son neutros y nosotros en función de nuestro patrón de pensamiento les damos la interpretación.

Una buena base de autoestima nos proporciona un patrón de pensamiento más positivo y a la vez más salud física, mental y emocional. Está claro que cuando nos amamos y aceptamos no nos sentimos amenazados ni atacados por nuestro entorno ni las circunstancias externas. No nos tomamos las cosas de forma personal, con lo que dejamos de sentir y acumular rabia, rencores, dolor emocional y

demás emociones que intoxican tu cuerpo físico para después soma-
tizarlo con algun enfermedad. Dejamos de dar poder a las palabras
de otros y a las actuaciones de otros, ya que nos apoderamos y responsabilizamos de nuestro poder personal. Las palabras ajenas solo
nos pueden doler cuando nosotros les damos el poder y nos las
creemos. Cuando creemos que el otro tiene la verdad absoluta y el
poder, nuestro poder, porque nosotros se lo hemos cedido, entonces
y solo entonces no sentimos dolidos, ofendidos, despreciados, des-
valorizados, heridos, abandonados..., ignorando que todo eso realmente nos lo hacemos nosotros al darle poder a una vibración vocal
como son las palabras de otra persona. Cuando tú te sientes seguro
de ti mismo esto no ocurre, porque simplemente tú sabes lo que eres
y lo que es, y a pesar de lo que te puede decir nadie más, tú te man-
tienes en lo que tú eres y sanes. Voy a poner un ejemplo que siempre
les pongo a mis pacientes: «Imagínate que ahora entrara alguien por
la puerta y te dijera "eres una zorra, hija de la gran puta y embustera";
si te lo dijeran, ¿cómo reaccionarías?». Todos me dicen mal porque
no es cierto, algunos incluso dicen «Pues le parto la cara». Si eso me
lo dijeran a mí, les digo yo, no me inmutaría; son solo palabras, yo ya
sé lo que soy y cómo soy, no necesito convencer a nadie. Cuando ya
se Es, se Es y no necesitas convencer ni demostrar nada; no das tu
poder personal a nadie, lo manejas tú, para eso es tuyo y todo el
mundo tiene el suyo. Siempre les recuerdo que el poder personal es
algo con lo que nacemos y que jamás debemos ceder a nadie por
mucho que amemos independientemente de quién sea (padres, hijos,
pareja...). Cuando lo hacemos es cuando surgen los desequilibrios,
primero emocionales, luego físicos, incluso a veces mentales. Enton-

ces ámate, acéptate y mantén tu salud física, emocional y mental, serás más feliz, más equilibrado y saludable.

Otra razón por la que a veces damos poder a los hechos y palabras ajenos es cuando inconscientemente esos hechos o palabras conectan con alguna grabación mental de nuestra infancia, algo que por repetición se fue grabando en tu subconsciente y de alguna forma te hace sentir cómo te sentiste en tu pasado. En caso de que sea así, haz un trabajo profundo con tu niño interior, practica el ejercicio del final del libro durante unos meses y verás grandes cambios. Además, razona contigo mismo y recuérdate que ahora ya no eres aquel niño y nadie te puede herir, excepto tú. Amándote a ti y a tu niño interior también estás reforzando tu sistema inmune, con lo cual estás más protegido ante cualquier tipo de enfermedad.

Para que entiendas mejor a lo que me refiero, voy a poner un ejemplo de una grabación mental que se puede arrastrar de la infancia. Imagina que cuando eras pequeño tu padre siempre te repetía «eres estúpido, todo te sale mal, no vales para nada», a base de que este mensaje se siguiera repitiendo se iría grabando en tu subconsciente, e incluso si te resulta lo suficientemente fuerte es posible que se grabe incluso con una sola vez. Si se tiene esta grabación entonces se actuará de forma que esté en acuerdo con lo que hay en el subconsciente, con lo que tus actuaciones serán torpes y todo te va a salir mal, ya que es imposible actuar de forma diferente a lo que tenemos en nuestro subconsciente. Ahora bien, te preguntarás ¿y ahora qué hago con mis grabaciones mentales si no me sirven para estar bien? Al igual que están ahí por repetición, también las puedes sustituir por otras que te sirvan a base de repetición. Al final del libro vienen algunas afirmaciones que te ayudarán y las instrucciones de cómo utilizarlas. En caso de que quieras construir tus propias afirmaciones, deberás tener en cuenta lo siguiente:

- Deben estar expresadas en presente, en primera persona, en afirmativo y en realizado, con cualquier cosa que quieras expresar.

La autoestima y la pareja 5

PARA ser capaz de mantener una relación de pareja estable es importantísimo tener una buena base de autoestima, y veréis por qué. La autoestima es el ingrediente principal para nuestra maduración interna. Cuando uno no madura lo suficiente es cuando en la relación de pareja empiezan a surgir esas luchas de poder, ese «querer tener la razón», el «yo no me equivoco, te equivocas tú», esos «¿y tú qué?», «y cuando tú...», y «hace diez años tú...». Todos esos comportamientos tóxicos surgidos del ego que necesita sentir que gana y que tiene razón por la falta de madurez y que por la baja autoestima no ha dejado al sujeto madurar lo suficiente como para tener la humildad de reconocer que todo el mundo se equivoca y nadie tiene la verdad absoluta y que hay que saber estar por encima de las circunstancias. Aun cuando se ponen límites, hacerlo desde la madurez, no desde la pataleta de niño inmaduro. Con una buena autoestima se puede mantener una relación estable madura, dialogando y llegando a un acuerdo cuando surgen diversidades de opinión; no hay que olvidar que se es dos individuos independientes con unas veces la misma opinión y otras, diferente. Pero desde la autoestima y la madurez se respeta la opinión del otro sin intentones de convencerlo ni tampoco llegar a someterse al otro. No es lo mismo llegar a un acuerdo de «hoy te toca a ti y mañana a mí» que someterse al otro, o querer salirse siempre con la tuya.

La autoestima te permite ser una «naranja entera», ya que las «medias naranjas» no funcionan, siempre se necesita a otra media para mantenerse, y de ahí surgen los «enganches» y «dependencias» que intoxican la relación, incluso al punto de aguantar malos tratos por enganches o dependencias, ya sean emocionales, económicas, etc.

Si te amas lo suficiente, no permites que nadie te maltrate de ninguna forma, psíquica o física, ni tampoco necesitas someter a nadie y menos con malos tratos. No hay que olvidar que un maltratador se convierte porque tiene la autoestima tan baja que necesita controlar a alguien incluso a la fuerza, por su exagerada inseguridad interna, y ese control y poder que adquiere es lo que externamente le aporta algo de seguridad y le alivia internamente el pánico que siente si ve que pierde el poder y el control. Al igual que tampoco hay que olvidar que una persona maltratada, por duro que parezca, realmente se deja maltratar porque no se ama lo suficiente para marcar límites y abandonar al maltratador, incluso llegando a culparse de lo que le está pasando y no sintiéndose digna de algo mejor, no sintiéndose capaz de salir adelante sola si hace falta. Se olvida de que nunca se está solo, siempre se tiene a uno mismo.

El ser padres 6 y la autoestima

Es muy importante en la educación de un hijo el tener una buena autoestima. Desde ahí es desde donde se marcan los límites, y no solo se marcan sino que luego se mantienen. Es imprescindible mantener los límites marcados y las decisiones tomadas sin tambalearse, ya que los niños se dan cuenta y perciben la inseguridad del progenitor, y la aprovechan para el chantaje emocional y así salirse con la suya.

Cuando hay una baja autoestima por parte de los padres, los niños crecen inseguros, indecisos y sin personalidad, e incluso sin límites. Un niño sin límites se convierte en un adulto sin límites y esto le puede llevar a la delincuencia.

¿Por qué la baja autoestima lleva a todo esto? Está claro que un padre inseguro la mayoría de las veces no sabe cómo manejar las situaciones con su hijo, con lo cual las posturas que se adoptan son algunas de las siguientes:

— Ceder en todo, ya que es más cómodo que estar aguantando los berrinches de la criatura.

— Decir no a todo, por miedo a ser demasiado permisivo y a que la criatura no tenga disciplina.

— Decir no a todo al principio y, cuando se está cansado de aguantar los berrinches de la criatura, cambiar de opinión y decir sí después de media hora de pataleos. Esto lo que provocará son más situaciones del mismo tipo, ya que el niño aprende que rebelándose ante la negativa de su progenitor acaba consiguiendo lo que quería.

Cualquiera de las tres posturas son equívocas. La primera, como dije anteriormente, educa a un futuro adulto sin límites. Y la segunda, a una persona inflexible y dictadora o, por el contrario, a otro rebelde que por la represión que sintió de niño se rebela ante cualquier situación de límites o disciplina.

Entonces, ¿cuál sería la postura correcta? Es evidente que una postura equilibrada, donde desde el equilibrio, la autoconfianza y la madurez que una buena autoestima proporcionan, el progenitor sea capaz de discernir cuándo se puede o no negociar con su hijo. Cuándo se debe decir no y mantenerlo, o por el contrario cuándo se puede decir sí y hacerlo desde el principio, y no tambalearse ante las pataletas de su hijo. Debe cansarse y rendirse la criatura, no el progenitor.

La influencia de 7
la autoestima en la sexualidad

¿Cómo influye la autoestima en nuestra sexualidad? Es verdad que son varios aspectos los que influyen en la sexualidad de una persona: la educación escolar, la educación religiosa, la educación de los padres y el entorno en donde uno crece. Pero todo esto es lo que también hace de base para nuestra personalidad, nuestro carácter, el cómo nos vemos, nos aceptamos y el cuánto confiamos en nosotros, cuán seguros de nosotros mismos nos sentimos. En resumen: *nuestra autoestima*.

Para disfrutar de nuestra sexualidad es importante, en primer lugar, conocernos a nosotros mismos. Esto implica explorar nuestro cuerpo para saber lo que nos gusta y lo que no, y así poder expresarlo cuando se tiene una pareja, conceder, pero también pedir. De ahí vienen muchos problemas de pareja, de la falta de comunicación, también a nivel sexual, cosa que conlleva malos entendidos, insatisfacción e infidelidades por ambas partes. Son muchas las parejas en las que uno de los dos se siente insatisfecho a nivel sexual, ya sea por no pedir o por no conocerse a sí mismo y no saber disfrutar de su sexualidad.

En segundo lugar, es importante aceptarse a uno mismo. La autoaceptación se aplicará a nivel físico y a nivel interno. Aprender a quererte y aceptarte tal y como eres. Recuerda que eres un ser único y no hay nadie más igual que tú, ni lo hubo ni lo habrá. Esto no implica que a nivel físico te cuides: hacer ejercicio, comer sano y, si te gusta, darte cremas y masajes, pero no convertirte en esclavo de tu cuerpo y dejar de quererte y aceptarte por no ser como alguien. Eres Tú, un Ser Único.

A nivel interno es importante hacer un trabajo personal para seguir creciendo y madurando como persona. Ahí puedes y debes cambiar todo aquello que no contribuye a tu bienestar y disfrute personal y también sexual. Aumentando tu autoestima aprenderás a vivir y a disfrutar de tu sexualidad desde la madurez, el equilibrio y la espiritualidad, en lugar de vivirla de forma instintiva e incluso «animal» (desde la obsesión o compulsión). Aunque para eso necesites de un profesional que te ayude a reeducarte sexualmente y/o emocionalmente para aprender a quererte, conocerte y aceptarte. Solo así te podrás sentir completo y feliz.

La autoestima 8
y lo que atraes a tu vida

Lo que sentimos que merecemos es lo que atraemos a nuestra vida. Cuanto más nos queremos, más merecedores de lo bueno nos sentimos y mejores cosas atraemos.

¿CUÁNTAS veces has sentido que la vida era injusta contigo y que no te merecías lo que te estaba pasando? Seguro que muchas. Pues por increíble y duro que te parezca, todo esto te lo creaste tú y lo atrajiste tú a tu vida.

Es importante saber que en el universo existen varias leyes aparte de la Ley de la gravedad que todos conocemos; aunque no las podamos ver, existen, y una de ellas y de las más importantes es la Ley de la atracción o la Ley de la causa y efecto, como prefieras llamarla. Todos sabemos que toda causa tiene un efecto. Si robas, acabas encarcelado; si siembras patatas, no recoges melones, recogerás lo que sembraste. Pues en la vida ocurre igual, cuando te amas y te sientes merecedor de todo lo bueno, te sientes dichoso, abundante y querido (primero por ti), esto y más de lo mismo es lo que atraes a tu vida. Date cuenta de que he dicho «te sientes», no «te piensas». Uno de los errores que cometen la mayoría de las personas es pensar el quererse y merecer desde la mente y decir: «No, si yo pienso en positivo; pienso que me quiero y merezco lo mejor, pero no me funciona y mira lo que me está pasando...». Esto no está mal, pero no es suficiente, hay que vibrar desde el interior, desde el corazón, con estos sentimientos. El pensamiento y el sentimiento deben ir acompañados y vibrar juntos. Si no es así, es porque en algún lugar de tu subconsciente hay alguna grabación seguramente de tu infancia que te lo impide. Te impide amarte y sentirte vibrar con el sentirte merecedor de lo mejor. Si es así, practica el ejercicio con tu niño interior durante unos meses todos los días y verás cómo cambia.

Cuando realmente te amas, te sientes conectado con el Todo, con Dios, con el Universo, con la Fuente de creación, llámalo como quieras llamarlo según tus creencias, da igual, es lo mismo. Somos parte de ello, el universo es abundante, y cuando nos sentimos parte de él nos amamos y amamos a todos y a todo, y cuando nos amamos nos sentimos parte de él, somos todo con el Todo, estamos conectados, somos abundancia y generosidad, pues el universo es generoso y amoroso con lo que somos, todo amor. Somos amor para nosotros, para los demás y con todo. Cuando nos amamos y amamos también al prójimo y a todo lo que nos rodea, dejamos de juzgar, de tomarnos las cosas personalmente, de perjudicar y hacer daño; entonces vibras desde el amor hacia ti y los demás, y también con el entorno. Simplemente eres amoroso y tu entorno y circunstancias van cambiando porque lo que atraes es amor. Entonces empiezas a ver, a «darte cuenta» y a percibir diferente, y te «das cuenta» de que hay que dar importancia a cosas que realmente la tengan y poner la energía en lo que realmente valga la pena para atraer lo que quieras en tu vida. Por eso te recuerdo el lema de mi centro terapéutico:

Cámbiate a ti y cambiará tu vida.

Vive desde el amor que tú ya eres y que nada ni nadie te puede dar ni quitar, solo tú puedes elegir vivir conectado o desconectado. Una de las formas de conectarte es meditando, o empieza haciendo respiraciones conscientes, y cuando tengas más práctica podrás meditar.

La autoestima, 9
el trabajo y la crisis

T E preguntarás qué relación tiene una cosa con la otra. Pues te diré que mucha, y también está relacionado con el tema anterior.

Cuando una persona no se ama lo suficiente, lo más probable es que a nivel profesional y laboral no sea valorado; es posible que sea explotado o que haya alguien que se aproveche o le haga la vida imposible o, como poco, desagradable. Esa persona no siente la autoconfianza suficiente como para exigir lo que siente ni expresarlo, y mucho menos exigir lo que se merece y vale. Entonces se siente a disgusto y acaba estresado, e incluso es posible que deprimido y para poco; encima a lo mejor le hacen trabajar más horas y le dicen que si no le bajan el sueldo. Seguramente esa persona aceptará con dolor y desgana porque tendrá miedo de perder su empleo, y eso le hará sentirse peor, con rabia e impotencia interna, y es posible que encima acabe por somatizar físicamente estos problemas de alguna forma. Y para ponerlo peor, y es real, si tan poco se ama, con la justificación de la crisis acabará en el paro, porque en el fondo las circunstancias que está viviendo le siguen bajando tanto la autoestima que, al no sentirse «inconscientemente» merecedor de lo bueno, es lo que atraerá a su vida, aunque conscientemente siente que no merezca las circunstancias que está viviendo (leer de nuevo el inicio del punto anterior).

Cuando te amas lo suficiente, te sientes merecedor de todo lo mejor, y eso incluye tu situación laboral, profesional y económica. Recuerda, no basta con pensarlo, hay que sentirlo en el centro del pecho, en el alma, para atraerlo. Si te sientes merecedor de todo lo bueno, te sientes seguro y puedes exigir a tus jefes, desde la autoconfianza, respeto (hacia ellos y hacia ti) y merecimiento lo que sientes justo, sintiendo el resultado que mereces, puedes exigir respeto a tus compañeros. Desde la autoconfianza serás también más eficiente porque tendrás seguridad en lo que haces y al sentir ese merecer lo mejor no te afectará la crisis.

Yo digo siempre que la crisis es para el que se la cree. La crisis afecta a los que la temen, y la temen porque no confían en el universo, como yo lo llamo, o Dios, es lo mismo. No confían porque no están conectados, no están conectados en su interior, por lo que tampoco lo están con el universo y por eso no sienten la abundancia que el universo es, y tampoco pueden sentir el amor que el universo es y ellos son. Por eso les afecta la crisis, porque cuando se vive desconectados se vive desde el temor y la inseguridad de la mente. El temor y el miedo son producto de una mente desconectada que vive en el desamor hacia sí mismo, en la desconfianza e inseguridad que son a su vez producto del temor. La crisis se ha creado para controlar a la humanidad infundando miedo. No hay nada más fácil de controlar que una persona atemorizada. Hitler controló durante años a millones de personas atemorizadas. ¿Cómo si no un solo hombre podría controlar y tener tantos seguidores, a miles de personas? Infundando miedo. Da igual qué tipo de miedo sea, miedo a la muerte, al sufrimiento, a la carencia, al hambre... Todo es lo mismo: Miedo, y todos los miedos surgen del mismo lugar.

No hables de la crisis, no te centres en ella, no creas en ella. Habla de lo que quieres atraer a tu vida, de la abundancia, de cómo quieres que sea tu trabajo, de lo bien que estás en él, de cómo quieres ser remunerado, porque eso es lo que tendrás. Vive desde el amor hacia ti y hacia todo, desde la conexión y la seguridad de que el universo conspira contigo y tú eres parte de él.

La diferencia entre 10
la autoestima y el ego

La línea que hay entre la autoestima y el ego es muy fina a la hora de diferenciarlo a simple vista. Pero la diferencia es grande.

Una persona que se ama realmente es humilde, es capaz de reconocer sus fallos fácilmente; sabe pedir perdón cuando se equivoca, no necesita llamar la atención para ser el centro. Sabe hacer todo esto de forma fácil, porque no se toma las cosas personalmente, no se siente atacada. Sabe que todo el mundo se puede equivocar porque somos imperfectos y por eso sabe ver sus fallos, los quiere ver para podérselos corregir desde el amor hacia sí misma y hacia los demás. Sabe marcar los límites que cree son justos para ella desde el amor y el respeto, pero también desde la firmeza y la flexibilidad por su autoconfianza. Es amorosa, firme y justa. Sabe escuchar al otro y habla cuando se le pregunta, por su sabiduría sabe que se aprende más escuchando y observando desde el amor y no juzga, acepta al otro desde su amor, aun cuando no comparte lo que ve o escucha. Es capaz de todo eso y más, porque cuando se vive desde el amor también se vive desde la compasión (no la lástima).

Cuando se vive desde el ego, la persona puede adoptar dos tipos de personalidad: la víctima o la prepotente (ver diferentes tipos de personalidad expresados anteriormente para «la víctima»).

El prepotente es el que cree que todo lo hace bien. Su verdad es absoluta, te quiere imponer sus creencias. Es el más chulo, todo lo sabe aun cuando no sabe nada. Necesita levantar la voz para sentirse escuchado (y aún así muchas veces no lo consigue) y sentir que es el centro de toda atención, y si aún no lo consigue tendrá que ser el más gracioso para que se lo recuerden (con ello no quiero decir que no se pueda tener sentido del humor). Hay diferencia entre tener sentido del humor equilibrado y tener que «necesitar» hacerse el gracioso para sentirse escuchado. Desde el ego no se puede escuchar, no se sabe escuchar, porque lo que se necesita es hablar y fuerte. Uno se siente herido fácilmente, aun cuando se va de prepotente, ya que toda crítica es un ataque personal. También se juzga al otro desde su parte crítica, por varios motivos:

— Primero, criticando al otro siente que él es mejor.

— Segundo, por envidia, pues a lo mejor quisiera ser como la otra persona y no puede, o no se atrave por su inseguridad interna.

— Y tercero, el otro siempre es un espejo de alguna parte de nuestra «sombra», ese reflejo nuestro que no nos gusta y pocas veces reconocemos, y que la vida nos seguirá poniendo delante hasta que decidamos reconocer esa parte que también es nuestra, aunque no seamos ello, y que debemos aceptar y trabajar para poder cambiarla. Solo así, aceptando, mirando y haciendo un trabajo interno podremos cambiar esa parte que nos hace sufrir para vivir mejor. Mientras, desde el ego dolo se intenta ignorar y mirar a otro lado, criticando al otro, entonces seguiremos arrastrando esa parte dolorosa hasta que las circunstancias de la vida nos obliguen a mirar de una forma seguramente más dura. Se necesita ser valiente parar mirar dentro, pero no hay otra manera.

El ego, la paz y la humildad 11

CUANDO aprendemos a amarnos de verdad, el ego se vuelve más pequeño. Me refiero a esa parte del ego insana que te lleva a interactuar y a tener todos esos tipos de comportamiento anteriormente mencionados. Se vuelve pequeño porque simplemente ya no se le necesita. Cuando te amas y estás conectado con tu verdadero yo, ya no necesitas demostrar nada, ya no necesitas interactuar ni pretender ser porque simplemente ya eres, y desde tu ser es desde donde actúas.

Cuando tu ego se ha hecho pequeño, surge la humildad; la humildad que te permite ver, reconocer y ser vulnerable, y sentir tu vulnerabilidad. Te permite reconocer tus errores, no para sentirte culpable, sino para aprender, para dar gracias por tener la capacidad de darte cuenta que, como ser humano en proceso de aprendizaje que eres, tienes la capacidad de ser lo suficientemente humilde para reconocer tus errores y poder cambiarlo una vez te diste cuenta. El darse cuenta es el paso principal; desde ahí puedes cambiar el resto. Cuando te has dado cuenta y has reconocido desde la humildad, puedes alcanzar la paz interior y exterior.

Una de las formas sería mirar si has hecho daño a alguien. Todos hacemos daño incluso sin querer cuando vivimos desde el ego y la inconsciencia, desde el querer tener razón, el querer ganar y las luchas de poder. Cuando veas que es así, conecta con tu humildad y sé capaz de pedir disculpas por tu parte de responsabilidad; te aseguro que experimentarás una gran paz interior, paz contigo, paz con la otra persona, paz de la otra persona contigo. Paz en ti y en tu entorno. Como dice *Un curso de milagros:* «¿Qué prefieres, ser feliz o tener la razón?

Recuerda que no eres tu mente, y el ego es producto de tu mente. No eres tus pensamientos, ni emociones, ni deseos, ni tan siquiera tu cuerpo. El cuerpo es el templo de tu alma, tu verdadero yo. La parte de ti que nunca muere, que siempre está ahí. La parte de ti que debes amar para estar en equilibrio, con la que debes estar conectado continuamente.

El Amor con mayúsculas 12

APRENDER a amar, sentirnos amados, comprender, sentirnos comprendidos, encontrar a una pareja que contribuya a nuestro bienestar, a nuestra felicidad. Todo empieza por uno mismo, el aprender a ser, a ser naranjas enteras, no funcionan las medias naranjas.

Desde el amarnos a nosotros mismos surge la autosuficiencia, el desapego, la independencia, el saber ser, estar bien con uno mismo. Desde todo esto surge el estar bien con los demás, el atraer a nuestra vida a otra naranja entera que quiera caminar el camino de la vida a nuestro lado desde su ser autosuficiente, independiente, desde el desapego y la libertad de ser uno mismo, sin necesidad de enganches ni manipulaciones, desde la libertad.

Es el Amor con mayúsculas, como lo llama José María Doria (muy admirado por mí). Como bien dice el nombre, es ese amor que no condiciona, es incondicional, que perdona, que te deja libre, que comprende y respeta, acepta y apoya sin condición, sin esperar nada a cambio y que, sin embargo, siempre está ahí.

Es el amor que te da y da la libertad; libertad para ser, para estar, para expresar y actuar siendo. Es el amor que ama aunque no sea a tu lado, aun en la distancia, aunque las formas sean diferentes, aunque sean diferentes las culturas, pensamientos, sentimientos. Es el amor que ama aunque no le amen y que no espera ser amado.

Para que ese amor surja, debes empezar por amarte a ti, desde el ser, para ser y poder amar siendo.

Ámate para ser y serás para amar.

Ejercicios 13

EJERCICIO PARA CONOCERTE, RECONOCERTE, SENTIRTE Y AMARTE

- Ponte desnudo delante de un espejo de cuerpo entero, a ser posible. Obsérvate de pies a cabeza con todo detalle. Dedícate el mismo tiempo a cada parte de tu cuerpo, incluyendo las que menos te gustan. Cuando te hayas observado, empieza a acariciarte, acaricia cada parte de tu cuerpo sin prisa. Observa qué emociones te surgen en cada parte de tu cuerpo, qué sentimientos, cómo sientes cada parte de ti. Dedícale unos quince minutos diarios durante al menos un mes.

- Escribe un diario de tus sensaciones, emociones y sentimientos para ver tu evolución. Observa si hay alguna parte de ti que rechaces y trabaja sobre ella, dedícale más tiempo.

Ya sé que al principio puede resultar duro, pero no te rindas. Cuanto más lo hagas, se irá volviendo más fácil y verás los beneficios del ejercicio.

EJERCICIO PARA APRENDER A AMARTE
DESDE EL MERECIMIENTO

- Te propongo que al final del día cojas un cuaderno que sea exclusivamente para tus trabajos personales y pon la fecha. Escribe en él todas las cosas agradables que te hayan sucedido durante el día, por pequeños que te parezcan, una llamada, un abrazo, una sonrisa…, cualquier cosa que te haya hecho sentir algo mejor.

  Cuando vivimos acelerados y la vida nos empuja, en lugar de sentir que la vivimos conscientemente y como queremos, muchas cosas buenas nos pasan desapercibidas y no las disfrutamos en su momento. Entonces es cuando empezamos a sentir que nada bueno nos ocurre.

- Respira cinco minutos antes de escribir, luego revisa qué cosas agradables te han sucedido, incluso pequeñas cosas, y escríbelas, como si fuera un diario. Todos los días nos ocurre algo agradable, incluso el día más oscuro. Cuando acabes de escribir, cierra los ojos, respira profundo y agradece todas esas cosas agradables que te ocurrieron, aunque fueran pocas, y siente que mereces que te ocurran muchas más. Da las gracias al universo por ello.

Repite este ejercicio a diario durante cuarenta días por lo menos.

EJERCICIO PARA EMPEZAR A CREAR LA VIDA COMO TÚ LA QUIERAS

- Cierras los ojos y empieza a respirar conscientemente. Con la espalda recta, siente el aire entrar y salir de tus fosas nasales lenta y profundamente. Cuando lleves unas veinte respiraciones, empieza a imaginar tu vida tal y como quieres que sea en todos los ámbitos de tu vida. Pon todos los detalles, ve los colores, escucha las voces, siéntelo lo más real que puedas. Al principio te costará más, pero según vayan pasando los días te irá resultando más fácil.

- Luego escribe en tu cuaderno terapéutico todo lo que viste, cómo lo sentiste y cómo te sentiste de bien. No omitas ningún detalle, ni te quedes corto por cuestionarte si es posible o no lograrlo. Olvídate del cómo, el universo ya se encargará de ello. Limítate a atraer lo que deseas, siéntelo tuyo.

- Puedes coger una cartulina grande y, recortando fotos de la casa que te gusta, el coche, pareja..., pégalas; escribe debajo de la foto los detalles y hazlo más real y atractivo. Cuelga la cartulina en la habitación para que sea lo primero que veas al empezar el día y lo último cuando te acuestes.

Dedica quince minutos al día para leer y visualizar lo que quieres atraer a tu vida. Vibra en ello, sin cuestionarte nada, sin dudas, sintiendo que te lo mereces. Hazlo cuarenta días por lo menos.

RESPIRACIÓN CONSCIENTE

- Siéntate con la espalda recta, en postura de meditación si puedes, y si no en una silla con la espalda recta.

- Pon una mano sobre tu abdomen para sentir allí tu respiración. Cierra los ojos y respira por tu nariz, tanto la inhalación como la exhalación. Alarga las dos al máximo, llevando la inhalación hasta tu ombligo, sintiendo cómo se eleva al inhalar y cómo desciende al exhalar. Céntrate solo en tu respiración, que inhalación y exhalación duren lo mismo.

- Si te surgen pensamientos puedes imaginar que son nubes que están de paso, las ves llegar y las ves partir, sin engancharte a ellas. Cuando te enganches a tus pensamientos y te des cuenta, vuélvete a centrar en tu respiración.

Practícalo preferentemente al despertar y al acostarte durante diez minutos, durante un mes por lo menos. Cambiará tu estado emocional.

EL PERDÓN

Es importante para amarte haberte perdonado a ti y después poder perdonar a los demás. No puedes amarte si te culpas de algo. Ten en cuenta que todos hacemos lo mejor que sabemos y podemos en cada momento, con lo que no hay razón para culparse.

- Vas a escribir setenta veces seguidas durante siete días:

  «Yo... (nombre) me perdono por... (escribe todo lo que te surja, cuanto más mejor), total y amorosamente».

- También puedes utilizarlo para trabajar tu perdón con alguien. En ese caso pondrás:

  «Yo... (nombre) perdono a... (nombre) por... total y amorosamente».

Después de los siete días, quémalo todo con la aptitud de desprendimiento y liberación. Tira las cenizas, si puedes al mar o al río.

EJERCICIO DE AFIRMACIONES

Repite las afirmaciones delante del espejo y mirándote a los ojos, en voz alta. Mañana y noche, mínimo cinco veces seguidas.

— Cuando me miro a los ojos reconozco a mi Ser profundo que en mi cuerpo habita. Me amo, me acepto completa y profundamente.

— Mi cuerpo es el templo de mi alma, lo cuido y lo mimo con amor.

— Reconozco el amor que soy, reparto amor por donde quiera que vaya.

— Reconozco mi entereza y me libero de todos mis apegos. Yo Soy, Yo Soy.

— Como parte universal que soy, acepto mi autosuficiencia emocional y la utilizo en mi propio beneficio. Me amo y me acepto completa y profundamente.

Sobre la autora

Consuelo Trinidad Coll Coll (nombre espiritual *Surinderjeet Kaur*). Nacida el 21 de mayo de 1967, en Ciutadella (Menorca).

Es psicoterapeuta transpersonal y gestáltica, y sexóloga. Se especializó también en PNL y Análisis Transaccional. Cursó sus estudios entre Luxemburgo, Dublín, Barcelona y Madrid. Profesora de Inglés, profesora de Pilates y maestra de Kundalini yoga, formada por AEKY. Terapeuta floral del método Bach, e imparte Reiki por el método Usui. Fue practicante de budismo tibetano y meditación zen. Ahora es practicante de Kundalini yoga y meditación de esta misma disciplina, llevando un estilo de vida yogui. Dirige un centro terapéutico con su mismo nombre junto con su pareja, también profesor de yoga y terapeuta floral.

Centro Terapéutico «Trinidad Coll», en Lugo.
www.lugo-terapias.com